dress

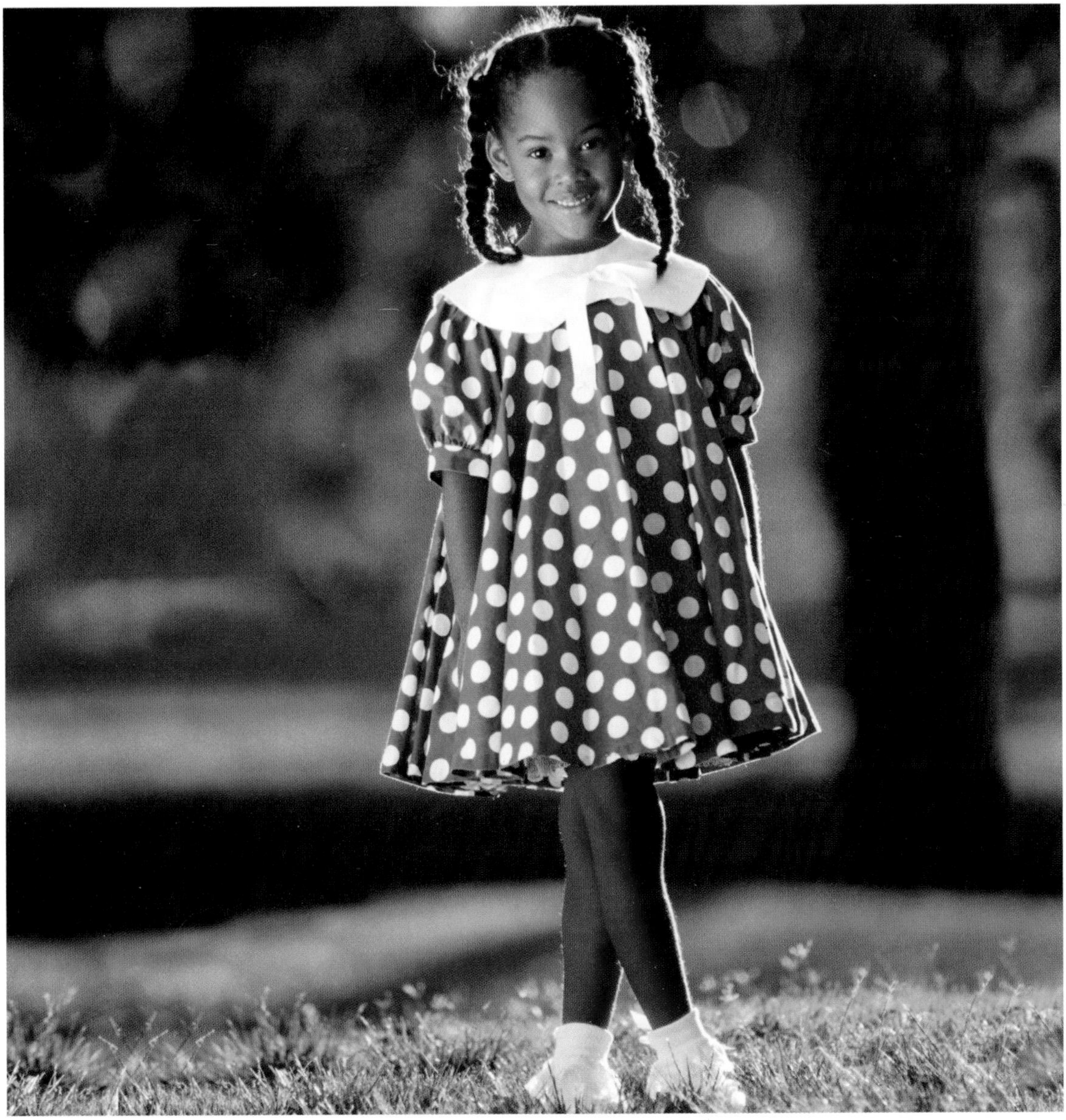

drum

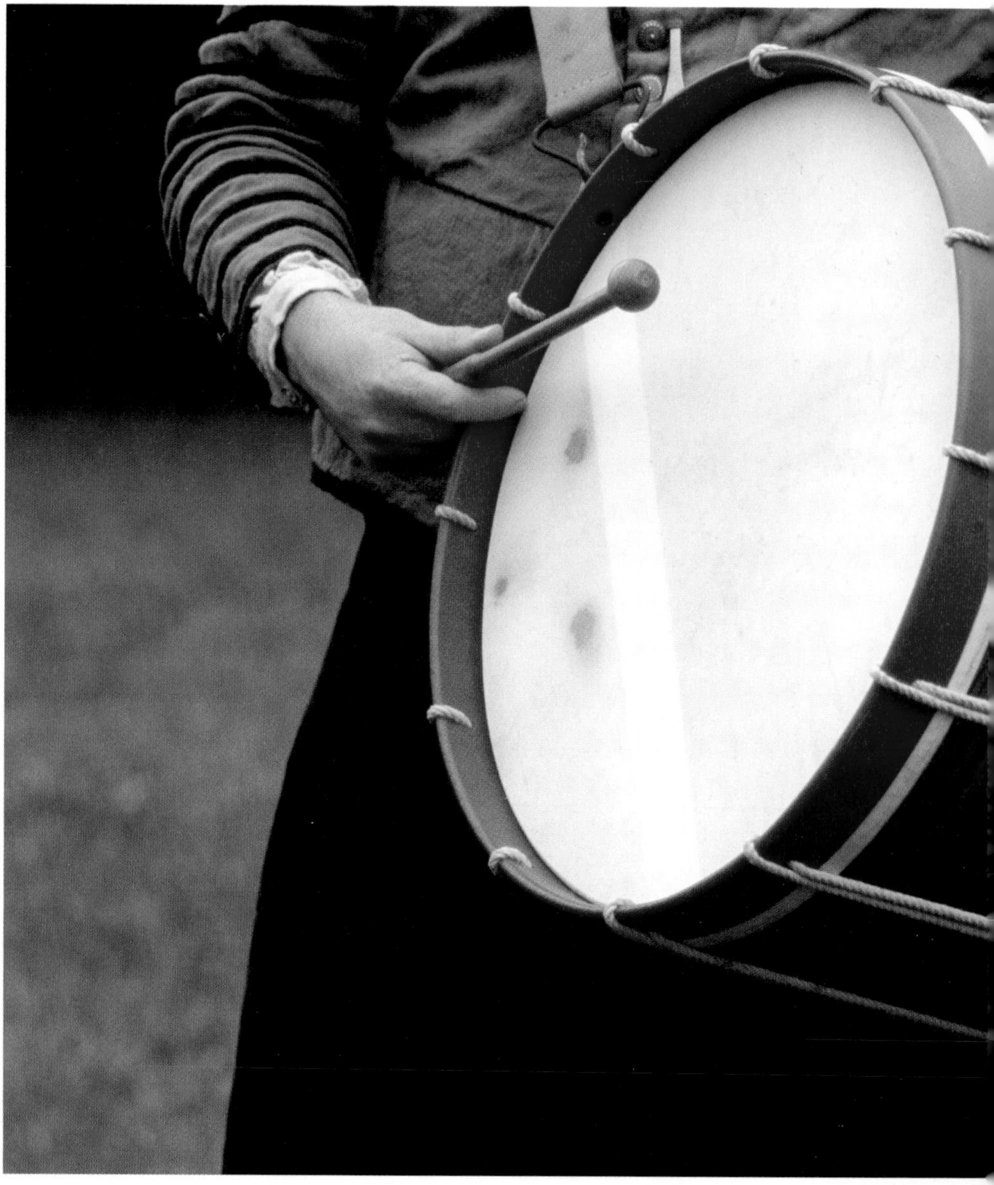

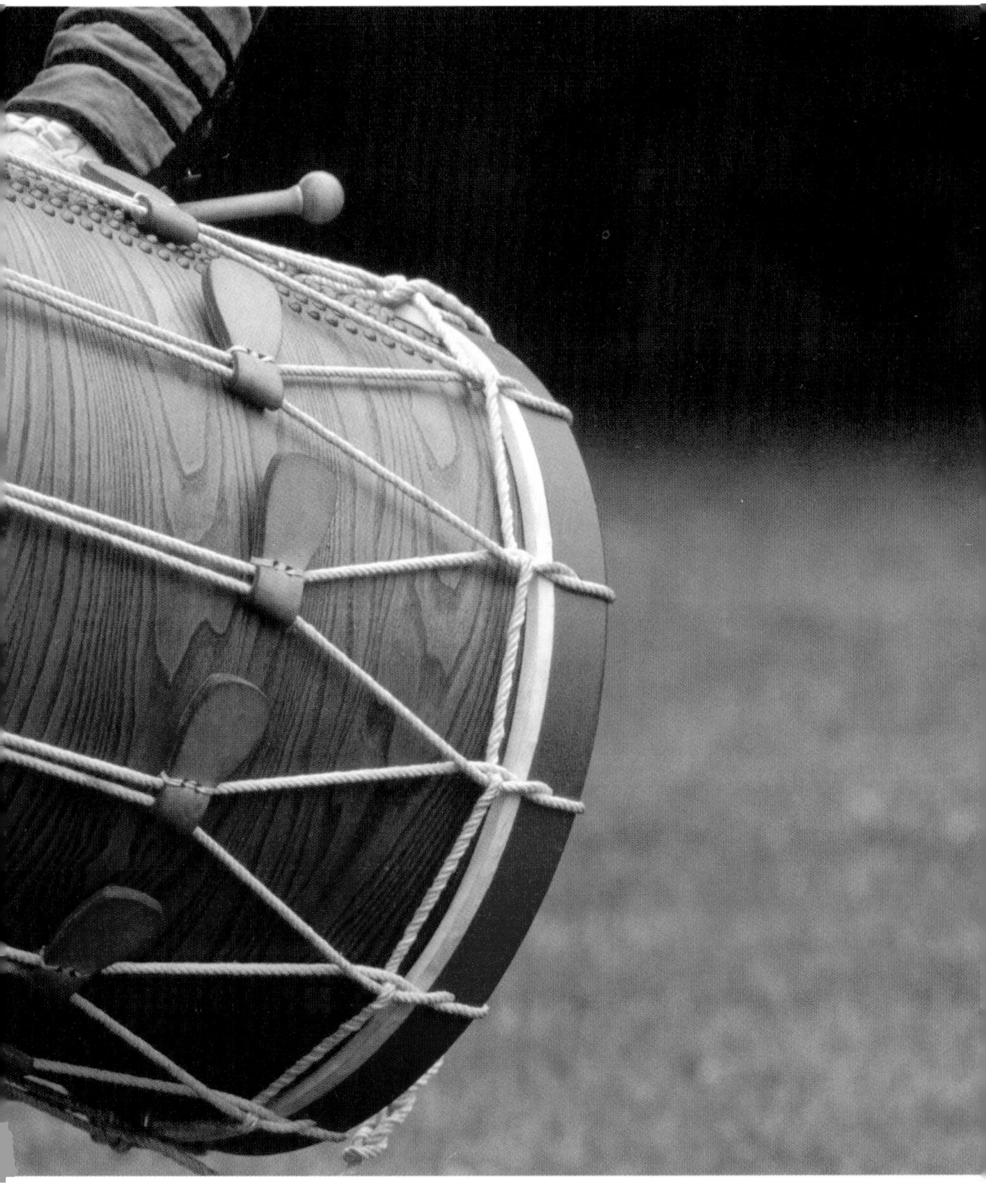

aw

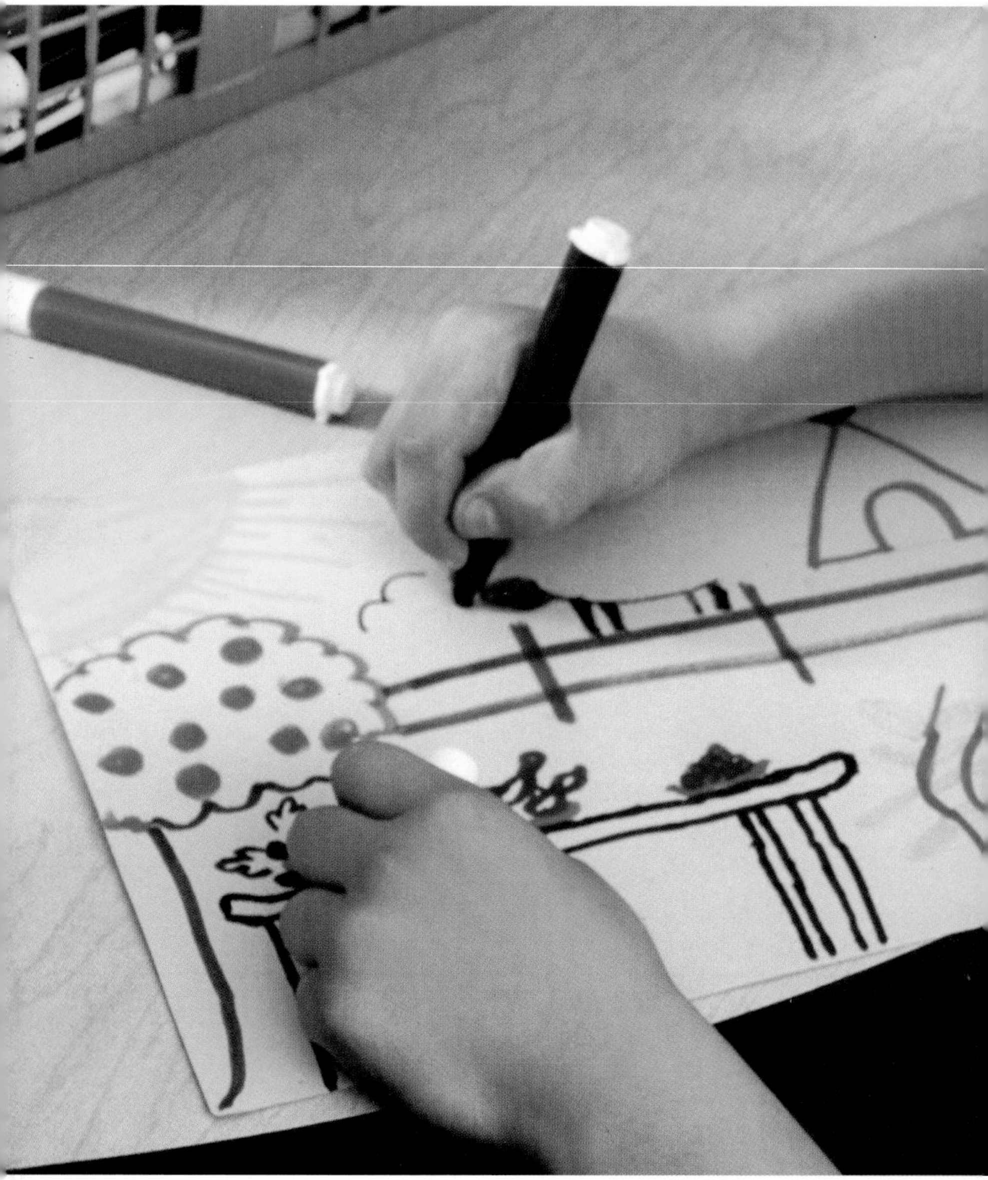

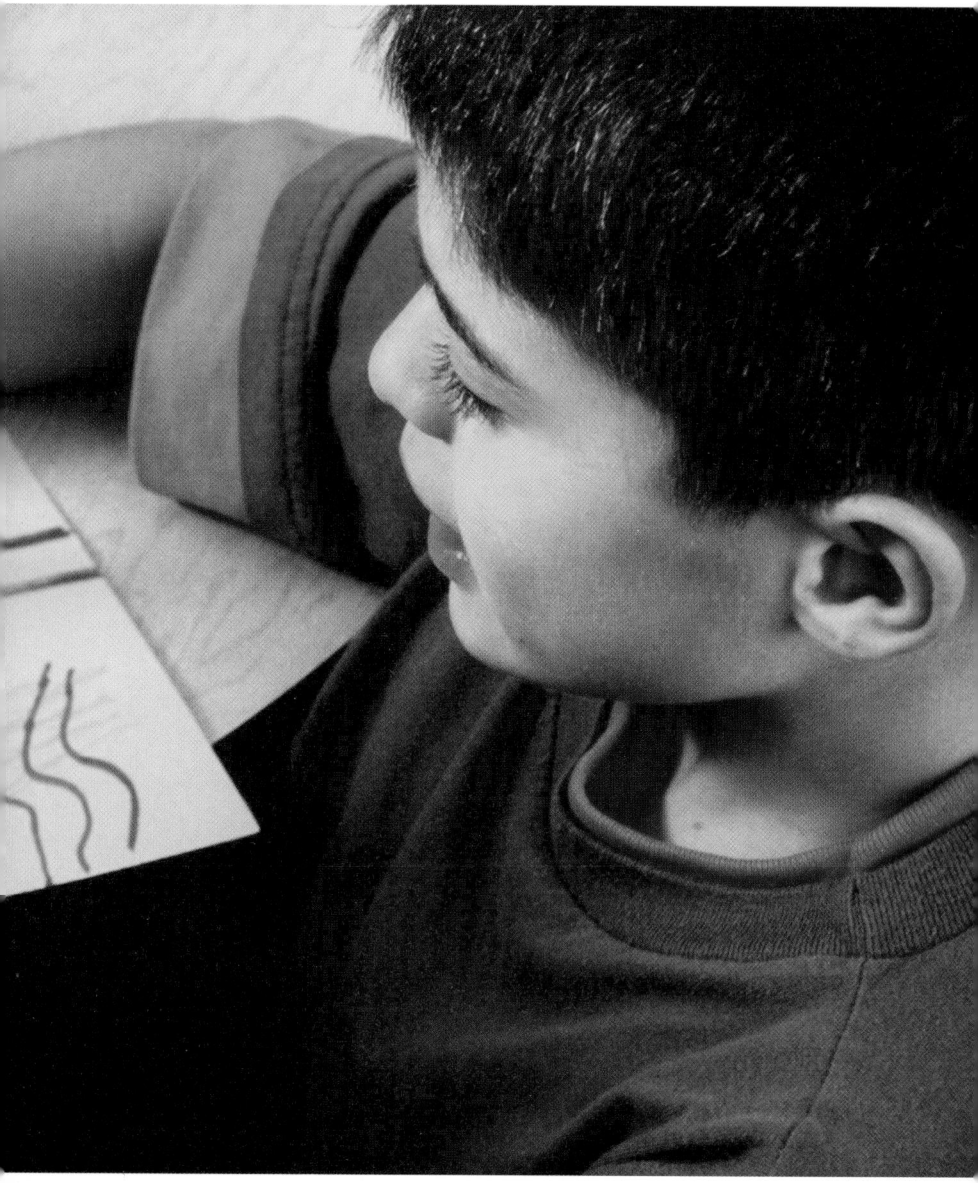

y

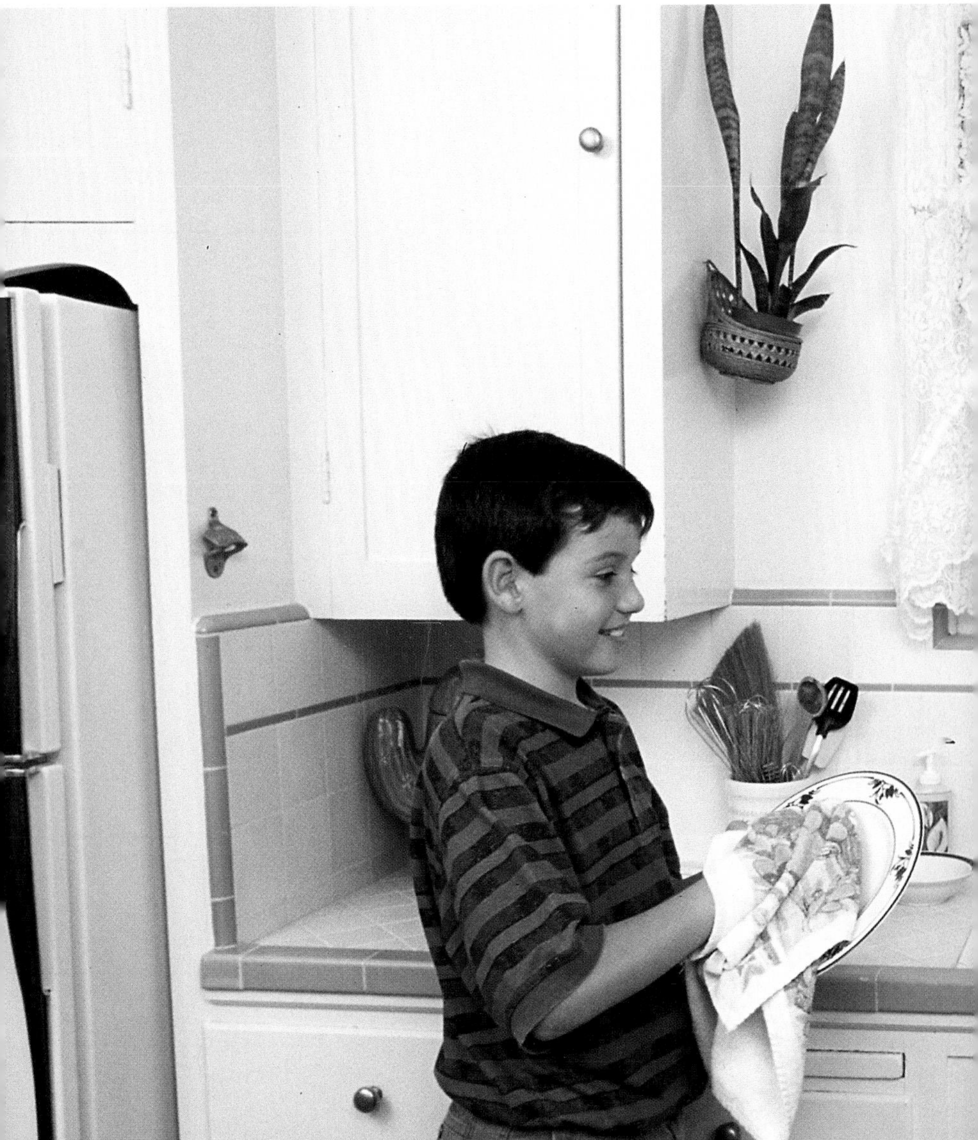

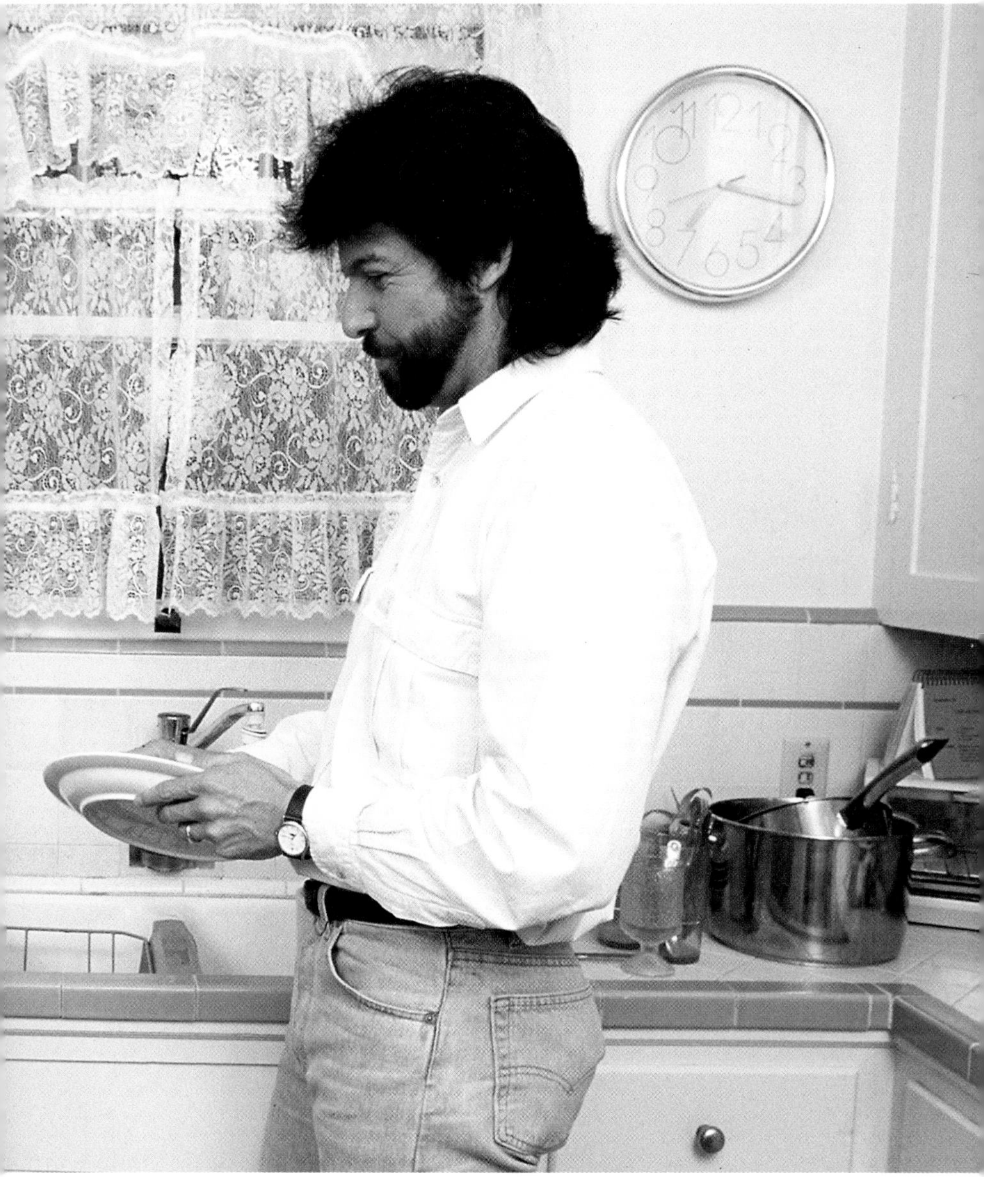

ink

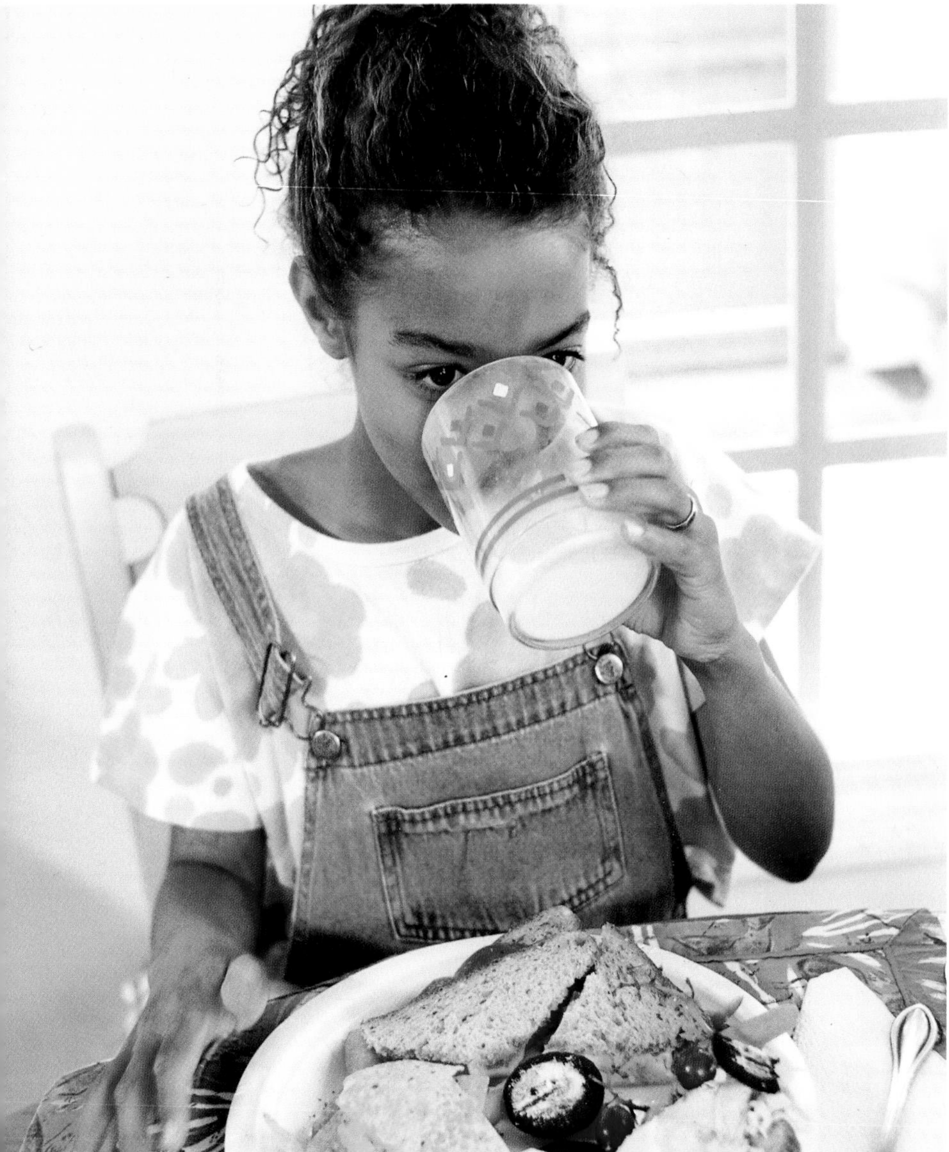